Proyecto de la Tarde

Proyecto de la Tarde

Carlos Pardo Ramírez

poesía

Presentación

Carlos Pardo Ramírez (Morón 1950) nos entrega hoy su primer cuaderno de poesía, una síntesis interesante de su vida amorosa y del amor en su sentido más extenso. *Proyecto de la Tarde* es el título, que no se limita, no se ciñe sólo a la quietud que éste encierra en sí mismo, sino que se trata de la tarde rumbo a la noche del tiempo vivido, ese tiempo en que el poeta es más dueño de sus actos, más profundo en sus preocupaciones. Es la tarde en que el bardo lanza sus tramas, sus designios, su sentido de lo universal.

Caen en sus brazos los grillos de la noche, una metáfora que le concierne como a un demiurgo de la creación, pero también como al mortal aventurero del verso que gana en el amor porque prefiere perderse en la incertidumbre o la claridad del recuerdo, porque lee en los ojos de una muchacha la "poesía trasnochada", "romántica de barrios", porque sabe perderse en "el vientre de la noche" como lo hace un niño, porque un nombre le llega "como una explosión".

Sin embargo, sus aventuras lo van asentando a un espacio de reflexión, de resumen de su vida. Los nudos de su trama se van cerrando, y su tarde se proyecta hacia algunos espacios ignorados o desconocidos, apunta más bien a un amanecer que nos advierte de sus deseos e inconformidades. Es la tarde tomando el camino del sol, "bullicios, carcajadas"// personas aprisa, niños y aves", porque el poeta quería haber muerto con una sonrisa: una especie de confesión desde otro extremo de su urdimbre crepuscular, confesión que parece hacernos también desde la noche que sigue, para reencontrarse consigo mismo, en lo que implica la inconformidad con sus actos, y en lo conforme a su ser. Su poesía aquí nos acerca a nuestros propios aciertos y desaciertos, nos hace indagar, confrontar desde una perspectiva más consecuente con nuestra cultura moderna, tal vez por eso, desde una mesura también más humana, en cuanto a conceptos en los que irremediablemente estamos involucrados, tal es el caso del poema Cibernísima Esposa, por ejemplo. Este tema del hombre en la tecnología, tiene tantas implicaciones y matices que es cada vez más difícil excluirlo de nuestras vidas. El erotismo, el sexo explícito, o la estricta intimidad en la comunicación por el Internet pasan de ser relaciones normales y simples a una fase de interacción menos íntima, porque asoman a la tentativa del acecho y con ello del escándalo. Aunque este poema no se encamina directamente en esta problemática, sí deja claro el final desencuentro que produce la desilusión amorosa.

Asimismo la ausencia, la distancia, el tiempo, son temas con los que el poeta se nos acerca desde una perspectiva crítica que tiene como incentivo su propia experiencia, para hacernos transitar en el mismo camino de la enseñanza y de disfrute del espíritu.

Frank Dimas

Esa voz

Me pierdo en tu voz
como lo hace un niño
en el vientre de la noche,
como un campaneo de pétalos,
como el abrazo
de dos gaviotas,
en un guiño adolescente,
para quedar en mí
       tranquila y viva
       dulce y fugaz
       tierna y llena de
       murmullos.

A ti

Llenaré todos los vírgenes espacios
que llevas.
Entonces el placer te remontará
al aire entre la música y el goce
absoluto.
Abrazados a los recuerdos,
tú, con las bridas del amor,
serás la reina.
Desbordemos de besos las bocas
hasta que el corazón oiga
el murmullo apagado de una sonrisa.

Como un ladrón

Quise leer en tus ojos
y me llegó esa poesía trasnochada,
romántica de barrio
cansada de ser poesía,
desafiante.
Quise raptar tu olor
y como ladrón esconderlo
en depósitos de pétalos
alados
que caprichosamente juegan
traslúcidos en esta noche,
y desnudos danzan
entre plegarias de grillos,
 y que así amanecen queriéndote leer.

Copiosa Madrugada

Llévate si quieres el aliento
que me quedó con el néctar
de tu rosa.
Cierto que amanece,
enredado ando en tus pies,
ven, ríndete.
Copiosa madrugada
que sobre tu cuerpo retosa
llévate los insomnios, mis promesas,
todas las formas de amarte.
Cierto que amanece,
que estoy atrapado.

Llamado del amor

Deambulo entre la puesta del sol
y tus prendas íntimas,
ahora cuando siento morir arrodillado
a esa voz,
y aclamar.
Llámame para apagar esta soledad
que a carcajada me grita;
romántico de última clase,
por creer en la ternura
que nos enferma
y este amor aturdido
que tu ojos me pegaron.
Es vicio adorable
la mueca de tu boca,
y ser esclavo de tus caprichos.
Este ritmo alocado de la cordura,
el que grita tu nombre
como una explosión.

•

Deja

Deja que llegue hasta mí
la constelación
que florece de ese volcán.
Deja que mis manos corran
los abruptos secretos de tu cuerpo.
Deja que mi culpa
te sepulte en el sueño ambicioso,
que las lágrimas pinten el romance.
Deja que todo se hunda
en la espesura de la noche,
y que mi insomnio sea tan grande
como esta fe que moribunda
se ancla en las nubes.

Olvidé

Ya olvidé el pregonar
de los árboles
que llevo grabado,
los zapatos llenos de bolas
y las manos encendidas de cocuyos.
No encuentro en los parques
las peleas de caracoles,
mucho menos las pelotas de trapo
que arrancaba al vestido anual
de mi madre.
Llevo el reloj de la mano
cual único dueño
donde estira la memoria
como el resorte de la talanquera
de mi tío Regino.

Magia a discreción

Esta noche mato la sed
con la misma pluma que me suicido.
Como desmano mis pensamientos de ladrón
que genéticamente heredé
de húmedos monosílabos.
Ya mis hombros no sostienen
las arenas que gritan
ni mis costillas aguantan más
que les tiendan sueños.
Seré sólo aquello que adore
tan Infeliz sol,
pero dormiré las noches
con biberones absortos de mentiras,
y el esqueleto será flexible
a pruebas de ráfagas.
Sólo siendo soldado del amor
conoceré los caminos de lágrimas,
también de aves mutiladas,
seré muletas de muletas,
cansancio de los cansados.
Basta garganta mía
que tiemblan los matorrales.
Paz ciega a la tumba del soldado.

El ingenuo universal

Mientras jugabas a escapar
querías engañarte,
pero supe que estaba enamorado.
Entonces las carcajadas
enarbolaron su bandera,
la del ingenuo universal,
y estos húmedos ojos
veían llover pedazos de ausencia
de las que saben amargas,
así despedí mis palabras
porque no sé
qué te habrían gritado.
Irremediablemente mía,
fugaz niebla de otro amanecer,
cuando regreses de amiga
devuélveme esas tardes
sin nombre que me robaste.

Dulce Amargo

De lo dulce de tu boca
regué el frutero.
Levanté paredes de ilusión.
Y pinté la tristeza
dando a luz el interés,
bañé tu sonrisa
y le puse intensos pañales.
Mordí la boca divina
para un solo sueño,
lloraste con mis ojos,
y llevo tu rabia a cuesta.

Perdóname

Perdóname vagar
en este río de tentaciones,
cuando me siembro en tu cuerpo
como un ídolo.
Perdóname estas cansadas
y hambrientas manos
que escurren tus idilios.
Y perdóname Dios, perdóname
por aferrarme a su cuerpo y
sentarme a labrar cada una
de sus penas.
Perdóname por tragarme sus
labios en sorbos cuando me voy
apagando.
Gracias por dejarme esta musa herida
que de fiebre en fiebre vaga
por todas las tentaciones.

Besos inéditos

Es rosa el comienzo de tu boca,
besos inéditos,
sepultados en su anonimato.
Así llegas cascabel de lirios
con mi voluntad apagada,
 y de impotencia grito.
Bésame una sola vez,
bésame una sola vez
mujer distante.

Yo

Rendido a tu sombra
hacía el resumen de mi vida,
muy tenue me pregunté quién soy
y quién hubiese querido ser,
Salieron de mi cuerpo cosas
que ya se apagan,
porque hasta el sol me despide,
un beso que acosté en tu boca
y nunca despertó,
la toalla que siempre quise ser,
la talla de tu sostén
que nunca fue más
que unas rosas encadenadas
y la sonrisa que tiraste al aire.
Pero yo estaré
donde quiera que caiga una gota de agua
y donde nazca un árbol
y un hombre suspire,
donde revoloteen tus cabellos,
la sonrisa te siga,
y un guiño erótico te estremezca.

Cisne de alas rotas

Cisne de alas rotas
déjame ser tu mitad
volemos juntos al río,
miremos la barca
arrullando el mar.
Te invito a empinar tu cuello,
y cantarle un estribillo al amor lejano.
Cisne de alas rotas,
muere sin lamentos junto al río,
y a la melodía de la brisa,
amor fugaz, tempestuoso.

La tarde

Esta tarde se fue
tan de prisa.
Como si estuviera apurada
se fue con pena.
También yo vestí de traje
para decirle adiós.
Quise despedir algunas esperanzas
que obstinadamente guardaba.
Así como azul miré por el viento.
Después me quité la fe
de decirle adiós a
tu nombre.
Me miraba tu ausencia,
algunos transeúntes,
y seguía siendo el mismo,
sin esperanzas, sin traje.

Para ser feliz

Sólo pido donde quepan mis pies,
cuando me pare a mirarte
estatuado de amor.
Y que mi boca balbucee un poema
que haya pasado de moda,
que seas tú esa realidad morena,
y un camino de atardecer
nos lleve a la playa.
Se colgará la ropa de la
puesta del sol,
habrá un paraíso de pétalos
donde nuestro cuerpo, uno solo,
bailará sobre la arena.
Mañana cuando vuelvas sol,
devuélveme la ropa,
que esta noche nos sobró deseo
y nos aplaudieron los grillos.
Esta noche me bebí tu aliento.

He de regresar

He de regresar despacio
y con la plantilla entera,
la certeza encerrada
en el tiempo.
Por eso mis canas
son todas canas
y los ojos todos ojos.
Tengo tanta prisa en regresar
que entre las lunas
no seré más
que un forajido desesperado,
hambriento de tus manos
y caprichos.

Militante de la infidelidad

Respiro en cama desconocida,
blanca, pintada de nieve,
con cascada de aliento ajeno,
con infeliz encuentro
imperdonable y escueto,
carne de otro cuerpo
con sabor a peligro,
y mi alma desnuda,
no soy más que pena y osamenta.
Nada más parecido
que a una noche prestada.

Explícame

A esta hora te arrastro de entre
las sábanas trémulas e inocentes,
cántale tu mejor silbido
para que silencies las tantas incógnitas
que revolotean embrujadas, inertes,
moribundas de hastío.
Gaviota de puerto,
no es posible padecer tanto para una sola vida.
¿Acaso la penumbra podría ser
la casa del amor?
Ay! gaviota de puerto,
mata mi inocencia con alevosía
de flor marchita
o quédate con lo que me queda vivo
y entiérralo entre tus sábanas.

Pacientemente

¿Qué perfil
ese manso relieve de sensualidad.
que derrocha maldades
que no aparecen escritas?
¿Qué placer te agolpa la piel
cuando mis palabras castigan tus deseos,
anochecer que borra tu imagen,
tiempo abismal que busca el sol?
De nuevo,
me harás sentir la mirada
rasgadora de la ira
hasta sonreír como un ingenuo
por el miedo absoluto.

Locura

Por eso me enfermaré de tu cuerpo,
desordéname la vida
y arrástrame entre la pasión y esta
extensa lujuria.
Navegaré entre tus piernas
como marinero a la deriva.
Seguiré el faro de tus pirámides
hasta anclarme en tu boca
para murmurar a cuatro labios
las cosas que sentimos.
Vivir sin locura es como
no haber vivido.

En la víspera

En sábanas blancas,
casi glaciales,
hay dos cuerpos,
que estrepitosamente
han quemado el hielo.
Absorbo tu aliento sin preguntas
de cómo se fabricó el universo,
sólo con el instinto que nos ganamos
cuando fuimos premiados a participar
en el arte supremo del hemisferio.
Mientras dormías,
como amapola sedienta,
extendí mis tentáculos
para ceñirte a tu pedestal,
y así dar a luz otro día
y confirmar una masacre al amor,
que como dos adictos repetiremos
hasta darnos por vencidos.
No habrá un culpable,
son los movimientos sincronizados
de tu desnudo cuerpo imitando el mar.

Esa eres tú

Eres así,
entre mariposa y magia,
como el carmín silvestre
que recoge el color del campo.
Ese rojo de tu voz
que es la melodía salvaje
que invoca a todas las lujurias.
Es plácido oír tu canto
que enarbola el eco de las femias,
redentoras, febriles.
Eres así,
entre mariposa y magia
entre salvaje y carmín.

Elegías para un extranjero

Ay, inmenso manojo de pesares
que el sur te queda grande.
Siempre será tu eco en todos
los puntos cardinales.
Ay, y si supieras norte
que ya te debo todo el amor,
y por qué el oeste vacío
si no le cabe más un recuerdo,
ni tu este alumbrado
con los ojos de la noche,
y que mi sol es tu sol,
y que tu camino es mi camino.
Quién dijo que la distancia
cuestiona el tiempo,
las pequeñeces y los detalles.
¿Sabes?, a cambio de tu sonrisa
me quedaría sin la estrella náutica.
Aunque perdido en el viento,
con verte siempre,
estaría orientado.

Proyecto de tarde

Comparto mis secretos
con las gaviotas desordenadas,
ven cómo te desvaneces
entre las olas.
Pero caen en mis brazos
los grillos de la noche,
y a la pasión le crecen sus alas.
Galopamos las aguas del universo
y las estrellas rezan sus titilos.
Sembraré tantas veces
tu nombre en la arena,
como sean capaces las olas de borrarlo.

Cibernísima Esposa

La vida

Cae la madrugada
con estruendoso silencio.
Cae mi pensamiento junto a ti
con golpes de voces.
En convulsos beso de amor
recorro los puntos cardinales
de tu hemisferio.
La verdad es la reina,
nosotros los peones de la vida.
Un tablero no es fácil de vivir,
las torres se desprenden
de vez en cuando,
pero el orgullo, el amor,
los celos, las indecisiones,
son los sabores del juego.

Ilusiones

Un día mi mouse no tendrá fuerzas
 y no podrá buscarte.
Morirá la rutina de tenerte cerca,
de dedicarte tiempo,
de saberte lejos.
Pero así te di mi hombro
donde colgaste algunas penas,
ya la conexión no será el camino
al encuentro de entregarnos
tantas promesas.
Yo seré uno más de ese mundo
que necesita mendigar amor
Pero tú estarás, yo estaré,
y por siempre,
el encanto dormido
de la muerte.

Puedo decirte

Puedo decirte tantas cosas
sin abrir mi boca,
puedo abrazarte a pesar
de la distancia.
Te enredas en mi cuerpo
como vacaciones de aves,
viajas al corazón
militante de mis sueños,
y testigo que puedes ver
cuando escalo mudo
por la ausencia de tus ojos.
Mi corazón canta
como una cigarra,
pero es el potro salvaje
que corre en los sueños.

Cibernísima esposa

Quise creer,
cuando escribía tu nombre
        en una pared,
que serías para mí.
Cuando escribí sobre un buró
te ponía las manos encima
y revelaba la promesa de mirar la luna,
y los mensajes,
las miradas, los suspiros.
Estoy sintiendo cuanto azota
la brisa de la lejanía.
Porque me arden los ojos de quererte ver
me creeré que te estoy soñando
con esos besos que te robé.
Estoy arrancándome la boda,
descalzo en la playa
te entrego sin estrenar
un día de lujuria.
Estoy recogiendo lo que a nadie le di
pero siempre el corazón triunfa
y uno lo tira cuesta abajo,
esas costumbres que soplan
como la brisa,

y el recuerdo que siendo tan ciber,
llenó tu ausencia, mi vacío.
Consuelo que te dio una pareja.

Tú o nada

Siempre que me faltas,
el mundo es cansado
y ausente,
    nada me sirve
        nada me vale
            nada tengo
                nada siento
                    nada puedo
                        nada consigo
                            nada me conviene
tú o nada
    tú mía
        tú amada
            tú volcán
                tú furia
tú para las ráfagas de mi sangre.

Llegas

Así de pronto
como los maremotos,
con el silencio que deslumbra
y se mete en la piel
como una voz antigua;
volcán sobre todas las cosas,
río infatigable,
donde la distancia se baña y purifica
para ser ella misma;
cicatriz de existencia
amada y aborrecida.
Así de pronto,
tu presencia me llega a los ojos.

Postulado a la soledad

Un día no seré más
que ese diminuto destello
en tus vivencias.
Finalmente cada verano apagará
la respiración trunca
que me arrancó este día.
Hoy hubo pocas cosas memorables
sabiéndote lejana y querida.
Morena, dueña de mis sienes,
sabia de esta piel,
quiero que de entre los recuerdos
empolvados y el humilde aro de plata,
que te dejó esposada,
sople la brisa que te robe las manos.
¿Por qué mi presencia no pudo
crecer dentro de tus zapatos?
¿Por qué perdí la fiebre de tu piel?
¿Para dónde miraba mi estrella?

A moruno post morten

Quedaste disuelto en la tierra,
como la lluvia.
Tu hierba se agita, corta el aire
como lo hacías en las sabanas.
Traspasaste las llanuras
rayaste mi infancia,
y quedó trunca la única ilusión
de flechar los cañaverales.

El narigonero

Dientes dorados encienden
en ayuno la campiña.
Junto a la bijagua
está sofocada la yunta,
el arado adherido al balsón,
hace líneas grises en el verde terciopelo.
Conduce ese narigonero
que de prisa trenza sus versos
en la yerba.
Abre surcos en el rocío,
y mientras las espinas se encarnan,
cura su mal
con el olor de la tierra arada.
Pero jadeante es su última vuelta,
corre al patio del bohío,
y enyuga sus pomos.
Detrás sus latas de sardinas.

Sin anuncios

Quiero cuando el mundo me quede chico
tomar de la mano mi mochila,
pero antes, te dejaré encima
de la mesa mi juventud.
He guardado en las gavetas
los momentos sin destinatarios.
Saldré con la puesta del sol
sin preocupaciones, ni reloj, ni brújulas.
Quiero ser dueño de los detalles
que no detienen a nadie.
Tendré mi recinto en el bus,
 y que mi reclinable del parque sea chico
para personas que esperan por mí.
No quiero anuncios de desaparecidos,
sino uno así:
Hombre libre es dueño del planeta
con sus fantasías, también de sus sin sabores
y de un amor lejano.

En mi piel

Van tendidas todas las cercas
y al mediodía
cantan los sabaneros;
dulcemente coquetean los lagartos.
Todavía anda enredado
el rabo del papalote,
conozco todos los postes,
y hasta sus madres huecas
donde en las noches
durmieron las cartas
que leía la dulce campesina,
mientras temblaban
sus montes y montañas.

Guajira

Cuando surcas las guardarrayas
guajira mía,
pies de caimitillo y senos de miel
de la tierra,
tu saludo lo acompaña el ruiseñor.
Y yo,
al golpeo de mi caballo
sueño que estás conmigo,
y que estás allí,
junto al pozo.
Para ti es el estribillo más fino,
mujer sentada en mi carreta,
cazando mariposa, peleando caracoles,
vistiendo de gala tu mañeca ciega.

Estoy pensándote

Sé que me iré irremediablemente,
que este amor se apagará,
según vaya dejando jirones de piel
colgados de los próximos inviernos.
Sé que me iré, no como tú entraste
enarbolando banderas,
 y dejándome
en minúsculas preguntas
aún sin responder,
sobre ese hálito de amor
que respiraste con el aire del jilguero.
Pero no te llevarás el placer
con que he amado,
ni lo genuino de este pecho,
por el parpadeo triste de esos ojitos
de mujer antes que niñas fueras,
por no saber cuánto amor tuviste
para seguir siendo más enamorada
que mujer.
La misma chica,
la más desdichada.

Quieres

Envíame tu cupido
esta vez
con una flecha envenenada,
la noche es joven,
hace frío y no quiero
que la luna me sorprenda
balbuciendo tu nombre,
y al amanecer, abrazado
de una playa.
Se me posará
una gaviota encima
anunciando que es un nuevo día,
de esos días que ni las esperanzas
                    sobreviven.
 Se ha marchado un soldado del amor.

Yo casado

Este invierno revoltoso
ha traído filo para mis ojos.
Para rasgar el macizo de tus caderas,
grande como esos árboles desnudos
hasta este sueño que me tiene casado.
Lleva la palabra el color de la noche.
Yo casado,
       casado,
          casado.
Ya mi piel es primavera de agua y sed,
por eso intrépido ando
con temblores de vencido.

Arranqué con la Vida

Arranqué con la vida en un pañal,
los patios me sujetaron,
y siendo triste aprendí
que eran tristes los pueblos pequeños,
las carreteras, los trenes,
los arboles de hojas y frutos,
y hasta la flor más reciente.
Fue el mejor monumento,
una sonrisa apagada.

Un día

Tomaremos caminos diferentes.
Habrá salida de sol,
bullicio y carcajadas
personas aprisa, niños y aves,
habrá trenes, discusiones,
enamorados y dolidos.
Un día como hoy estarás sola,
algunos recuerdos te despeinarán
y me necesitarás
para esas minúsculas cosas
que eran desaciertos a dúo.
Yo no estaré.
Alguien utilizará mis ropas,
los poemas, la almohada
y ojalá mis deudas de gratitud.

Palabra Mágica

Ojo, ya no estaré solo,
y me dice no traicionar,
no dejar la poesía muriendo,
no mentir con la misma boca que besa.

Ojo para el escolar
que corre en el sol inocente
                    de su risa.

Ojo en las noches serenas
de los sacerdotes y los policías.

Ojo será la palabra mágica
            con que se abran los pechos.

Quería

Quería haber muerto con una sonrisa,
también haber amado al que me quiso
y no gastar amor en quien no merecía,
quería haber sido mejor persona
y mal amante.
Pasar desapercibido en cada invierno,
no entregar mi nostalgia
como si tan poco valor tuviera,
también ser mejor observador
para heber disfrutado mis horas
en bancos sin nombres
y parque de enamorados,
perros, colibríes, y fantasías.
También haber sido quien no fui
pero no quise ser otro que no fuera yo.

INDICE

Proyecto de la tarde, de Carlos Pardo Ramírez,
terminó de imprimirse en el mes de noviembre de 2013,
en los Estados Unidos de América.

www.ingramcontent.com/pod-product-compliance
Lightning Source LLC
Chambersburg PA
CBHW021914040426
42447CB00007B/854